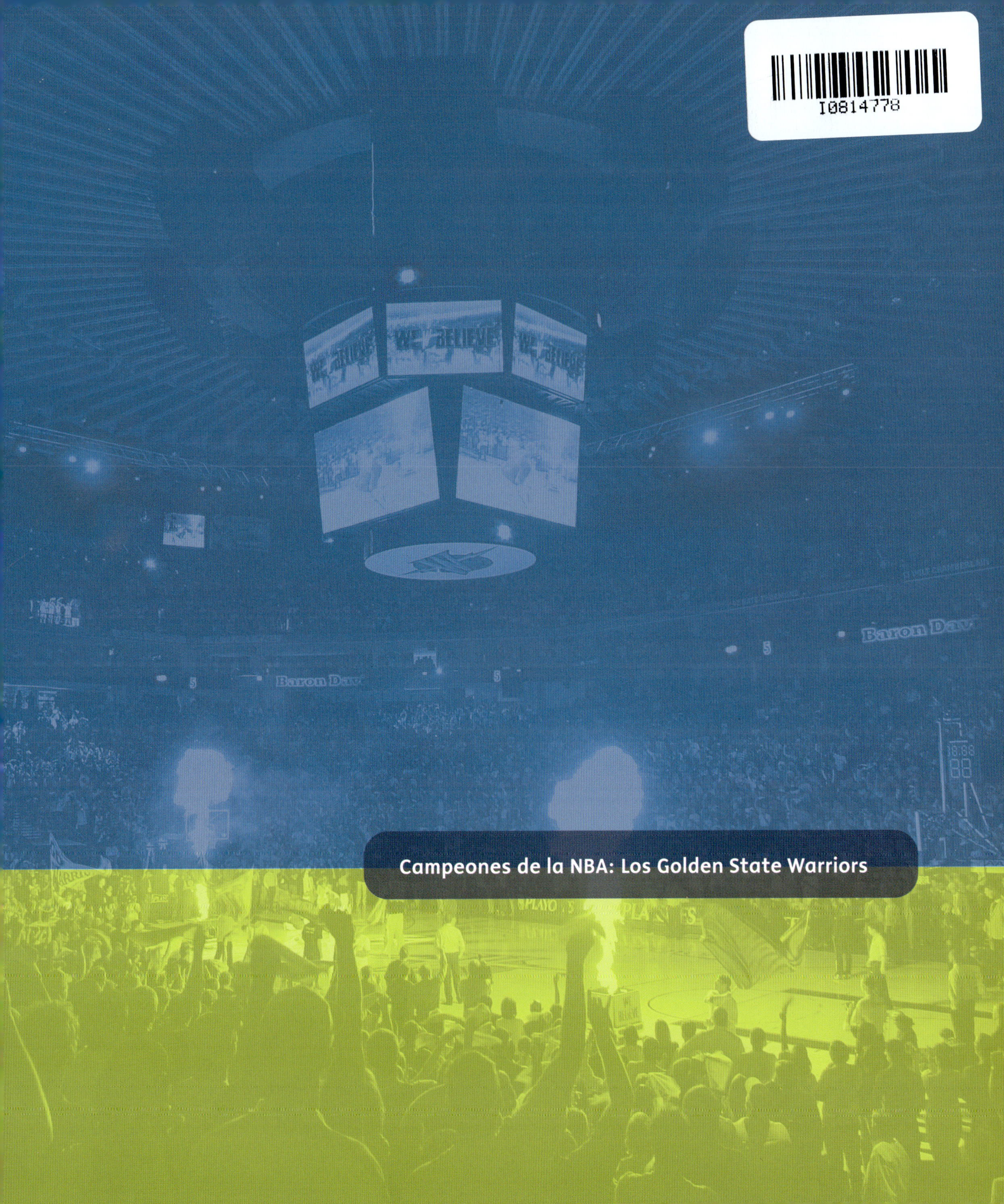
WE BELIEVE
Baron Davis
Campeones de la NBA: Los Golden State Warriors

El centro Nate Thurmond

CAMPEONES DE LA NBA

LOS GOLDEN STATE WARRIORS

JOE TISCHLER

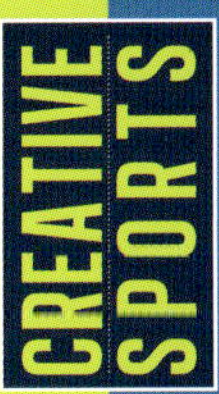

CREATIVE EDUCATION / CREATIVE PAPERBACKS

El centro Wilt Chamberlain

Publicado por Creative Education y Creative Paperbacks
P.O. Box 227, Mankato, Minnesota 56002
Creative Education y Creative Paperbacks son sellos de
The Creative Company
www.thecreativecompany.us

Dirección artística de Tom Morgan
Producción de libros de Graham Morgan
Editado por Grace Cain

Imágenes de Associated Press/Paul Vathis, 12; Getty Images/Andrew D. Bernstein, 3, 19, Bettmann, 6, Dick Raphael, portada, 5, 15, Ezra Shaw, 20, Garrett Ellwood, 1, 24, George Long, 2, Mitchell Funk, 9, Rocky Widner, 16, Thearon W. Henderson, 7, 10, Tim Heitman, portada, Walter Iooss Jr, 4
Se ha hecho todo lo posible por contactar con los titulares de los derechos de autor del material reproducido en este libro. Cualquier omisión será rectificada en impresiones posteriores si se notifica al editor.

Library of Congress Cataloging-in-Publication Data
Names: Tischler, Joe, author.
Title: Los Golden State Warriors / by Joe Tischler.
Other titles: Golden State Warriors. Spanish
Description: Mankato, Minnesota : Creative Education and Creative Paperbacks, [2025] | Series: Creative sports: Campeones de la NBA | Includes index. | Audience: Ages 7-10 years | Audience: Grades 2-3 | Text in Spanish. | Summary: "Elementary-level text translated into North American Spanish and dynamic sports photos highlight the NBA championship wins of the Golden State Warriors, plus sensational players associated with the professional basketball team such as Stephen Curry"-- Provided by publisher.
Identifiers: LCCN 2024023431 (print) | LCCN 2024023432 (ebook) | ISBN 9798889898177 (lib. bdg.) | ISBN 9781682778760 (paperback) | ISBN 9798889898375 (ebook)
Subjects: LCSH: Golden State Warriors (Basketball team)--History--Juvenile literature. | CYAC: Golden State Warriors (Basketball team)
Classification: LCC GV885.52.G64 T5718 2025 (print) | LCC GV885.52.G64 (ebook) | DDC 796.323/640979461--dc23/eng/20240605

Impreso en China

El alero Chris Mullin

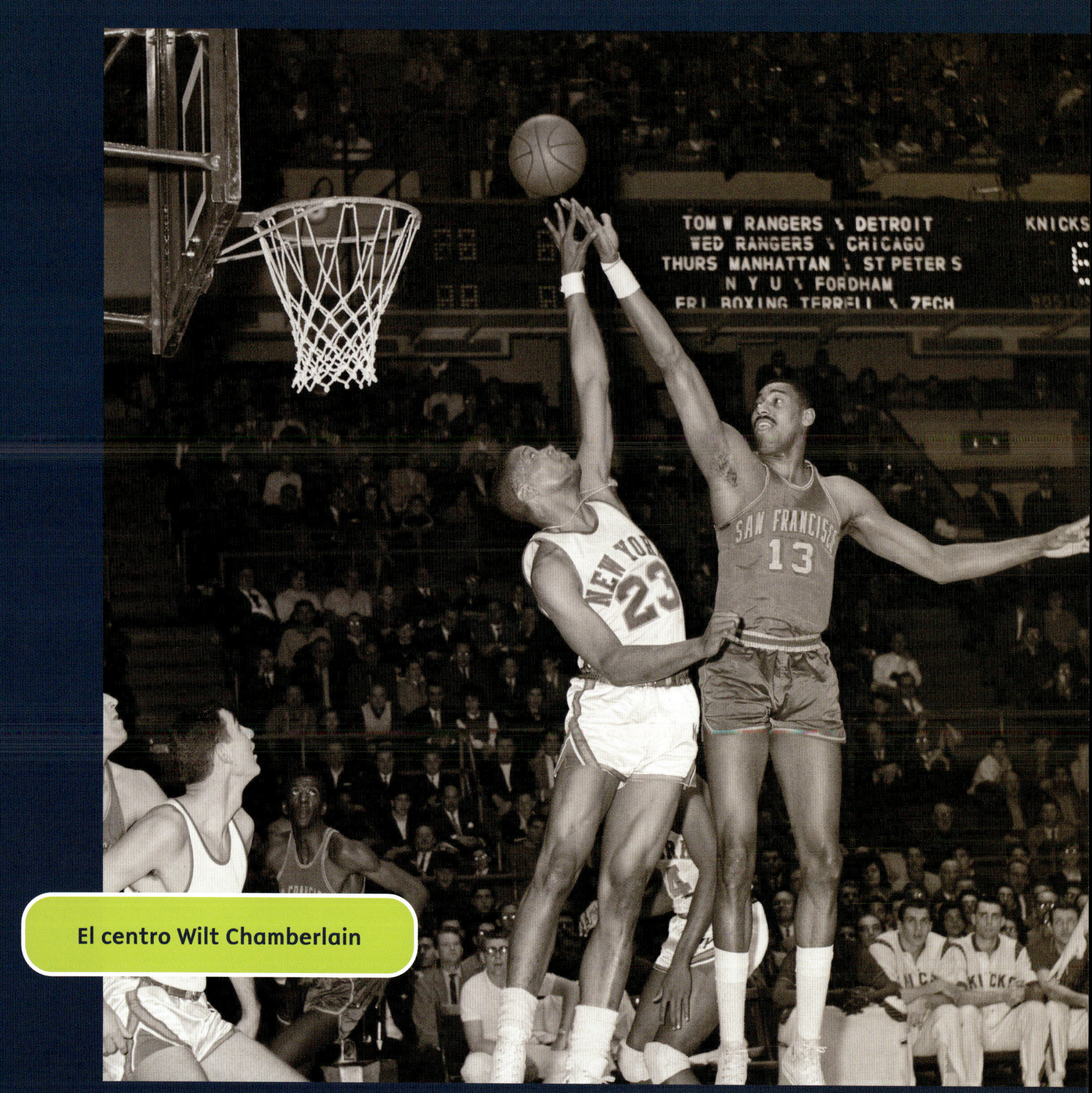

El centro Wilt Chamberlain

ÍNDICE

Hogar de los Warriors

San Francisco (California) se asienta junto al océano Pacífico. Allí está el puente Golden Gate. También lo está un **estadio** llamado Chase Center. Es el hogar de un equipo de baloncesto llamado los Warriors.

Los Golden State Warriors son un equipo de la Asociación Nacional de Baloncesto (NBA). Juegan en la División Pacífico. Forma parte de la Conferencia Oeste. Sus **rivales** son Los Angeles Lakers y los Sacramento Kings. Todos los equipos de la NBA quieren ganar las Finales de la NBA y proclamarse campeones. ¡Los Warriors lo han conseguido siete veces!

El base Stephen Curry

Nombrando a los Warriors

Los Warriors empezaron a jugar en Philadelphia (Pennsylvania). En la década de 1920, ya existía un equipo de baloncesto conocido como los Philadelphia Warriors. Los propietarios del nuevo equipo lo bautizaron con ese nombre. El equipo mantuvo el apodo cuando se trasladó a San Francisco en 1962.

El alero Paul Arizin

Historia de los Warriors

Los Philadelphia Warriors comenzaron a jugar en 1946. Fueron uno de los 11 equipos originales de la NBA. Ganaron el primer campeonato de liga. La primera estrella del equipo fue el alero Joe Fulks. Lideró la liga en anotación en 1947. El centro Neil Johnston también fue un gran anotador. Llevó a los Warriors a otro **título** en 1956.

El centro Wilt Chamberlain fue uno de los mejores jugadores del mundo. Fue el **Jugador Más Valioso (MVP)** de la NBA y Novato del Año en 1960.

Una vez anotó 100 puntos en un partido. Es el único jugador que promedia más de 50 puntos por partido en una temporada.

El equipo se trasladó a San Francisco en 1962. Su nombre era los San Francisco Warriors. El equipo cambió de nombre en 1971. Ahora se llamaban los Golden State Warriors. El apodo del estado de California es "Golden State". Ganaron su primer título de la NBA en California en 1975. El alero Rick Barry era un gran tirador. Lideró la NBA en porcentaje de tiros libres en seis ocasiones.

El alero Rick Barry

El base Stephen Curry

Otro gran tirador de todos los tiempos llegó en 2009. Su nombre es Stephen Curry. Es el único jugador de la historia que ha anotado más de 3.000 triples. Dos veces ha sido nombrado MVP de la NBA. Ha llevado a los Warriors a cuatro títulos de la NBA (2015, 2017, 2018, 2022).

Otras estrellas de los Warriors

Los Warriors han tenido muchas grandes estrellas. El alero Paul Arizin fue un gran anotador. Lideró dos veces la liga en anotación. Fue compañero de equipo con Johnston en el equipo campeón de 1956.

Tim Hardaway, Mitch Richmond y Chris Mullin formaron un fuerte grupo en 1989. Se llamaban "Run TMC". Era un juego de palabras con el grupo de hip-hop Run DMC. Añadieron mucha diversión al juego.

El escolta Mitch Richmond

El escolta Klay Thompson

El escolta Klay Thompson formó una conexión con Curry. Juntos han sido llamados los "Splash Brothers". Ambos hacen muchos triples. Su compañero Draymond Green añadió músculo cerca de la canasta. Es un gran defensor. Los aficionados de los Warriors esperan que estos jugadores puedan ayudar al equipo a ganar otro campeonato pronto.

Acerca de los Warriors

Primera temporada: 1946-47

Conferencia/división: Conferencia Oeste, División Pacífico

Colores del equipo: azul y amarillo

Estadio local: Chase Center

CAMPEONATOS DE LA NBA:

1947, 4 partidos a 1 sobre los Chicago Stags

1956, 4 partidos a 1 sobre los Fort Wayne Pistons

1975, 4 partidos a 0 sobre los Washington Bullets

2015, 4 partidos a 2 sobre los Cleveland Cavaliers

2017, 4 partidos a 1 sobre los Cleveland Cavaliers

2018, 4 partidos a 0 sobre los Cleveland Cavaliers

2022, 4 partidos a 2 sobre los Boston Celtics

PÁGINA WEB DEL EQUIPO:

https://www.nba.com/warriors

Glosario

estadio—un edificio grande con asientos para espectadores, donde se celebran partidos deportivos y eventos de entretenimiento

Jugador Más Valioso (MVP)—un honor otorgado al mejor jugador de la temporada

rival—un equipo que juega más duro contra otro equipo

título—otra palabra para campeonato

El escolta Monta Ellis

Índice